AF452348

LA BRILLANTE JOURNE'E

OU

LE CARROUSEL

DES GALANS MAURES,

ENTREPRIS PAR MONSEIGNEUR

LE DAUPHIN.

AVEC LA COMPARSE, LES COURSES,,

Et des Madrigaux fur les Devifes.

Se vendra à Verfailles le jour du Carroufel ; Et fe debite

A PARIS,

Chez LA VEUVE BLAGEART, Court-neuve
du Palais, au Dauphin.

M. DC. LXXXXV.

AVEC PRIVILEGE DU ROY.

AU LECTEUR.

IL est rare de voir des Descriptions imprimées des Festes qui
n'ont point encore paru, parce qu'il est presque impossible, que
ceux qui sont les Autheurs des grands Spectacles, & ceux mesme
qui les executent, puissent en sçavoir au vray toutes les circon-
stances. Ces Spectacles demandent plusieurs Répetitions, qui sont
nécessaires, non seulement pour voir si ce qu'on a résolu se rap-
porte à l'idée qu'on s'en est faite, mais encore pour se faire une ha-
bitude à retenir ses rangs, & pour s'exercer dans les Jeux qui
ont besoin de force & d'adresse, & il ne se fait aucune de ces Répetitions, qui n'y apporte des changemens considerables. Quand
ces changemens continuels n'empescheroient point qu'on fist la
Description des Carrousels avant qu'ils eussent paru, il se trouve
un autre obstacle qui paroist presque invincible, c'est que de si grandes Festes ont des parties attachées à des Particuliers qui les composent, & qui dépendant quelquefois de cinq ou six cens Personne-
nes, & ne devant paroistre que le jour marqué pour le Spectacle
public, ne peuvent jamais estre décrites, parce qu'elles ne parois-
sent point aux Répetitions, & sont en mesme temps entre les mains
de plus de deux ou trois mille Ouvriers. Cependant les Personnes
du premier Ordre qui ont voulu que ce Livre fust distribué avant
le Carrousel, ont pris des mesures si justes, & des soins si utiles
pour faire fournir tous les Mémoires necessaires pour cét Ouvra-
ge, qu'on y trouvera jusqu'à la Description des moindres Habits.

AU LECTEUR.

On y verra mesme les Devises, qui n'ont la pluspart esté inven-
tées que deux ou trois jours avant celuy du Carrousel. Les raisons
que ces Personnes du premier rang ont euës de faire faire ce Livre, & de le proposer à Monseigneur le Dauphin, sont aussi
judicieuses qu'utiles pour le plaisir, & pour la satisfaction de tous
ceux qui pourront trouver place, soit pour voir la Marche ou pompeuse Calvacade qui se fera le jour du Carrousel, soit pour voir
la Comparse & les Courses du mesme jour. Tous ces divers Spectateurs avec l'aide de ce Livre, quelque éloignez qu'ils se trou-
vent, pourveu qu'ils puissent distinguer les Couleurs des Brigades, ce qui se remarque toûjours de fort loin, quand tant de Personnes ensemble composent une masse de Couleurs, en comptant
les Personnes dont l'éloignement les empeschera de distinguer le
visage, pourront Homme pour Homme nommer tous ceux qui paroistront à leurs yeux; sçavoir ce qu'ils représenteront, & s'ils
sont Chefs, Officiers Genéraux, Ecuyers ou autres. Il seroit ab-
solument impossible à ceux qui seront sur les Amphithéatres, de
connoistre plus d'un des quatre Chevaliers, qui courront ensemble
dans les vingt & une Course qui se feront, parce que courant
le long des quatre costez de la Carriere, les Spectateurs de chaque costé pourront seulement, & mesme avec assez de peine, remarquer le visage de celuy qui courra devant eux; mais par le
moyen du Livre ils sçauront les noms des trois autres, & auront
par là la satisfaction de sçavoir qui seront ceux qui auront eu l'a-
dresse de faire plusieurs Testes. On verra de plus dans ce Livre, ce
que c'est que Carrousel, Devise & Comparse, & les Dames y
pourront lire en attendant que la Feste commence, un petit extrait
des Guerres Civiles de Grenade, d'où le sujet de ce Carrousel est
tiré.

LA BRILLANTE JOURNE'E

OU

LE CARROUSEL

DES GALANS MAURES,

ENTREPRIS PAR MONSEIGNEUR

LE DAUPHIN.

LA Magnificence du Roy, & le desir de tenir en exercice les Seigneurs de sa Cour, & de les occuper à des Divertissemens guerriers, qui pussent entretenir leur vigueur, & faire paroistre leur adresse, ayant inspiré à Sa Majesté les premieres pensées d'un Carrousel, Monseigneur le Dauphin, tres-bon Homme de Cheval, & tres-

A

adroit dans tous les Exercices du corps, refolut d'en eftre le Chef. Comme ce Caroufel fert d'entretien à toute la France, & à tous les Etrangers dont la Cour de France fe trouve remplie, il eft à propos de marquer icy, que ce mot eft plus Italien, & Efpagnol, que François, & qu'il fignifie par tout également un Jeu & un Spectacle repréfenté fur des Charriots ; mais comme le temps augmente & diminuë toutes chofes, & qu'il eft rare de les voir apres plufieurs fiecles dans le mefme état qu'elles ont efté au commencement de leur inftitution, on a retranché peu à peu les Machines & les Chars des Carroufels, & l'adreffe des Cavaliers & la magnificence des Habits ayant fuffy, on a appellé toute Cavalcade, Joute, Courfe, Exercice Militaire, & Marche nombreufe, Caroufel. Mais fi dans ces derniers temps ces fortes de Spectacles femblent avoir diminué à caufe du retranchement des Machines, ils ont augmenté d'une autre maniere, puis qu'au lieu d'une feule Perfonne qui couroit autrefois, on en voit préfentement quatre dans la Carriere, qui en quatre endroits diférens attirent les regards des Spectateurs, & forment un Spectacle plus attachant, plus continu, plus noble, & où l'adreſſe des Chevaliers ſe fait plus remarquer aux yeux des Perſonnes qui aiment les choſes ſolides, que toute la pompe des Chars, qui n'éblöüiſſent que le Vulgaire. On ne ſçauroit dire trop de choſes à l'avantage des Carrouſels ; ils ſont d'un ancien Uſage, & portent toutes les marques d'une inſtitution ſçavante. Ils ont fait de tous temps les Divertiſſemens des Princes, & des Perſonnes de naiſſance. Tout ce que le Monde a jamais eu de plus galant, & de plus ſpirituel, y a eſté employé, & l'Antiquité n'a rien de plus agreable, ny de plus ingénieux. Stace a dit *Que c'eſtoit une Etude délicate, une Adreſſe des plus fines, & un Divertiſſement qui fait voir les images de la Guerre au milieu de la Paix.* Le Cirque eſtoit chez les Anciens le Lieu où les Carrouſels ſe faiſoient. Il eſtoit dedié au Soleil & à Neptune, ce qui convient parfaitement bien au Roy, que toute la Terre reconnoiſt aujourd'huy ſous l'image du Soleil, & à qui les Puiſſances Maritimes les plus redoutées ſont venuës rendre hommage depuis quelques années.

Les Jeux du Cirque, ſeuls aujourd'huy connus ſous le nom de Carrouſels, n'ont jamais eſté condamnez comme tous les autres Jeux. On a toû-

jours eu pour eux l'eſtime qu'on doit avoir pour
des Exercices d'adreſſe, de valeur, & d'appareil,
& ils paſſérent pour Jeux innocens, apres qu'on
leur eut ôté les marques de la Superſtition. S'il y a
de la nobleſſe dans la plûpart des autres Divertiſſemens, ceux-cy ne ſont regardez que comme
des Exercices laborieux ; tout le divertiſſement
n'eſt que pour les Spectateurs, qui en gouſtent le
plaiſir ſans aucun mélange de peine. Les ſujets de
ces Jeux doivent eſtre tirez de l'Hiſtoire ou de la
Fable, & il faut qu'ils ſoient Militaires & Guerriers, parce que les Exercices & les Courſes des
Carrouſels ſont Militaires. C'eſt par cette raiſon
qu'on a ſouvent vû le Roy y prendre plaiſir, &
toûjours ſous l'Habit Romain, & avec la Deviſe
du Soleil, remporter des Prix dans ces guerrieres
& galantes Feſtes, qu'il laiſſoit enſuite diſputer à
l'adreſſe des autres Cavaliers, apres que la ſienne
avoit triomphé, la gloire ſeule l'ayant toûjours
animé, & Sa Majeſté en ayant toûjours uſé de
cette ſorte à l'égard des Prix dont l'agilité & le
ſort décident. Les Carrouſels eſtant, ainſi que
l'on vient de voir, des Exercices laborieux, il ne
faut pas s'étonner ſi le Roy a fait choix de ce Divertiſſement pour faire plaiſir à la Nobleſſe, en
luy

luy donnant des occupations utiles. Le deſſein
de faire un Carrouſel ayant donc eſté formé par
Sa Majeſté, & Monſeigneur le Dauphin devant
ordonner tout ce qui le regardoit, ce Prince ſou-
haita que Monſieur le Duc de S. Aignan, Premier
Gentilhomme de la Chambre de Sa Majeſté, fort
galant, & accoûtumé à tous ces Exercices, luy
propoſaſt divers Sujets pour ce Carrouſel, entre
leſquels ce Prince & Madame la Dauphine dont
l'eſprit eſt tres-délicat & tres-éclairé, choiſirent
celuy des Galans Maures de Grenade, & firent
deſſein d'opoſer au Party des Abenſerrages celuy
de Zegris, & de joindre à ces deux Factions les
Familles qui leur eſtoient alliées ; comme aux
Abenſerrages, les Gaſuls, les Alabeſes, & les Almoradis ; & aux Zegris, les Vanégues, les Gomé-
les, & les Maces. Ce deſſein eſtant ainſi réſolu,
On a donné de diférentes Couleurs aux dix Cavaliers des huit Brigades qui compoſent les deux
Quadrilles, comme

   Le Noir, & Or.

   Le Violet, Or & Argent.

   Le Griſdelin, & Argent.

   La Couleur de feu, Or & Argent.

   Le Verd, l'Or & l'Argent.

Le Jaune & l'Argent.

Le Cramoisy, Or & Argent.

La Feüille-morte, & l'Argent.

On vient de faire voir que les sujets des Carrousels sont ordinairement tirez de l'Histoire ou de la Fable, & qu'ils doivent estre Militaires & Guerriers. Il ne manque rien à celuy-cy pour estre un veritable Carrousel. Il est Historique, estant tiré de l'Histoire des Guerres Civiles de Grenade, & il est Militaire & Guerrier, puis qu'il est composé de deux Partis, dont les cruels démeslez ont fait répandre beaucoup de sang à l'un & a l'autre. Voicy un Extrait de ce que l'Histoire dit des sources de leur haine.

Ismaël dixhuitiéme Roy de Grenade, estant mort en 1465. Muley Hazen son Fils luy succéda. Celuy-cy eut un Fils nommé Boaudilin, & un autre, qui fut le fruit d'un amour secret, & qu'on appella Muça. L'Infant Boaudilin s'estant fait aimer de tous les Chevaliers de Grenade, qui se plaignoient de son Pere, fut fait par eux Roy, & on l'appella *El Rey Chico*, qui veut dire, *Le Roy Petit*. D'autres Chevaliers prirent le party du Pere, en sorte qu'il y avoit deux Roys a Grenade. Dans un grand Bal qui se fit un jour en présence du Roy Chico & de la Reyne, Muça envoya un Bouquet à Darache, dont il estoit amoureux. Darache qui aimoit Abenhamete, Chevalier Abenferrage, prit le Bouquet à regret parce qu'elle n'osa le refuser, & apres avoir dancé dans ce Bal avec cet Abenferrage, elle luy donna le Bouquet ; ce que Muça ayant vû, il s'avança vers l'Abenferrage, & luy dit transporté de jalousie, Dy-moy, vil Descendant de Chrétiens, Chevalier mal né, sçachant que ce Bouquet a esté fait de ma main, & que je l'ay envoyé à Darache, comment as-tu osé le prendre ? Sans le respect que j'ay pour le Roy, je châtierois tout-à-l'heure ton insolente temérité. Le brave Abenferrage tout enflamé de colere, luy répondit. Quiconque dira que je suis mal né, ment mille fois, car je suis bon Chevalier, & Fils de Noble, & apres le Roy mon Seigneur il n'y a personne tel que moy. Là-dessus ils mirent l'Epée à la main, on les sépara, & le Roy eust puny Muça, comme Autheur de la Querelle, si les Dames n'eussent obtenu sa grace. Ce trouble estant appaisé, il s'en émut un autre. Un des principaux Zegris dit à Abēhamete, Abenferrage, le Roy en donnant la faute à son Frere Muça n'a pas pris garde que vous avez dit, qu'apres le Roy il n'y avoit point de Chevalier comme vous. Il n'eſt pas d'un Chevalier de ſe vanter comme vous avez fait, puis qu'il y en a beaucoup dans le Palais qui vous valent bien; & ſi ce n'é-toit que je ne veux pas cauſer de troubles, je vous ferois acheter cher la parole que vous avez dite devant tant d'honneſtes Chevaliers. Le Malique Alabez, proche Parent des Abenſerrages, dit au Zegri, Je m'étonne que vous ſoyez ſeul à vous piquer en un lieu où il y a un ſi grand nombre de braves Chevaliers. Il n'y avoit qu'à recommen-cer les troubles. Ce qu'a dit Abenhamete a eſté bien dit, parce qu'on connoiſt fort bien qui ſont & d'où viennent tous les Chevaliers qu'on voit à Grenade; & ne croyez pas, vous autres Zegris, que parce que vous deſcendez des Roys de Cor-douë, vous ſoyez meilleurs ny tels que les Aben-ſerrages, qui ſont naturels de Marroc & de Fez, Deſcendans des Roys de ce Païs, & du grand Mi-ramolin, puis que vous ſçavez que les Almoradis ſont de cette Maiſon Royale de Grenade, auſſi de lignage de Roys d'Afrique; & quant à nous autres les Maliques Alabeſes, vous n'ignorez pas que nous deſcendons du Roy Almohabez, Sei-gneur du celebre Royaume de Cuco, & Parens

des

des fameux Maliques. Or où tous ceux dont je parle ont bien voulu se taire, ce n'est pas à vous à faire de nouveaux débats.

Ce que je dis est la verité, qu'après le Roy, il n'y a point de Chevaliers comme les Abenserrages, & qui dit le contraire, ment, & je ne le tiens pas pour noble. Les Zegris, les Gomeles, & les Maces, qui estoient tous d'un Party, entendant cela, voulurent donner la mort à l'Alabez, les Alabeses, les Abenserrages, & les Almoradis, qui estoient du Party contraire, les défendirent. Le Roy empescha le desordre. On mit l'Alabez prisonnier dans l'Alhambre, & le Zegri dans les Tours Dermeilles ; & enfin le different fut accommodé. On fit pour cela une Feste publique de Tournois & de Taureaux. Cette Feste fut ce qui augmenta l'inimitié entre les Abenserrages, & les Zegris. Ces derniers se souvenoient avec chagrin de ce que l'Alabez avoit dit, & il estoit d'ailleurs arrivé une autre chose dont ils vouloient se vanger. Un Abenserrage aimé de Zaide, une des plus belles Maures en receut un jour un tissu de ses cheveux qu'il mit à son Turban, & parla de cette faveur receuë au Maure Audalla Tarfe, son Amy. Celuy-cy qui aimoit fecrettement Zaide, jaloux du bonheur de l'Abenferrage, réfolut de le troubler, en difant un jour à Zaide qu'elle prit garde à qui elle faifoit des faveurs, parce que l'Abenferrage fe vantoit à tout le monde du Prefent qu'elle luy avoit fait de fes cheveux. Zaide ne voulut plus voir l'Abenferrage, qui defefperé des mépris de fa Maiftreffe, refolut de fe vanger de Tarfe. Il fe trouva dans la Place de Vivaramble luy fit mettre la main à l'Epée, & le laiffa fi bleffé qu'il mourut fix jours apres. Tarfe eftoit amy des Zegris. Mohamad Zegri qui eftoit le Chef de cette Famille, leur propfa de prendre l'occafion de fe vanger dans la Fefte du Tournoy. Muça fut le Chef de la Quadrille des Abenferrages, fi aimez à Grenade, qu'il n'y en avoit aucun qui ne fuft favorifé des plus belles Dames. Le Malique Alabez dont on a parlé, eftoit de la mefme Quadrille. Mahomad Zegri, Chef de celle des Zegris, apres avoir fait fix Courfes, fe fit donner une Lance qui avoit un fer aigu, & la jetta contre l'Alabez avec tant de force, que le fer luy perça l'Ecu & le bras. L'Alabez fe voyant bleffé & plein de fang, cria qu'il y avoit de la trahifon. Les Abenferrages prirent leurs Lances, & l'Ala-

bez traverfant avec furie la Quadrille de Mahomad qui s'en retournoit à fon pofte, choifit Mahomad pour l'attaquer, comme ayant efté bleffé
de luy, & luy jetta fa Lance fi fortement, que
malgré une Cote de maille qui le couvroit, elle
luy perça le Corps, dont il tomba mort. Là-def-
fus les Abenferrages commencérent un fanglant
Combat ; & comme ils s'eftoient munis de Cotes
de maille, dans le deffein qu'ils avoient de ne faire
pas un Jeu de cette Fefte, ils euffent eu l'avantage fur leurs Ennemis, fans l'extréme valeur des
Abenferrages. Le Roy fit ceffer ce Combat. Les
Gomeles & les Maces s'eftoient mis du Party
des Zegris, qui emportérent le corps de Mahomad. Les Almoradis foûtenoient les Abenferrages. Il y eut beaucoup de monde tué de part &
d'autre, & depuis ce jour l'inimitié fut mortelle
entre ces deux Familles.

Ces deux Partis font divifez en huit Brigades
dans le Carroufel de Monfeigneur le Dauphin,
& portent les huit Couleurs qui viennent d'eftre
marquées. Outre ces huit couleurs, il y en a encore trois autres, les deux Chefs de Quadrilles
& le Maréchal de Camp General, en ayant de
diférentes, comme on verra dans la fuite.

Tout ce qui compofe cette pompeufe Cavalcade, doit partir de la feconde Cour du Châ-
teau, pour fe rendre dans la Carriere où l'adreffe
de tout ce que la France a de plus illuftre No-
bleffe doit paroiftre.

Deux Trompettes ouvriront la Marche, &
feront fuivies de M.du Mont, Major des Quadrilles, fous le nom de Caraman. Son Habit fera
incarnat, tout brodé d'argent, & d'un deffein
diférent de ceux qui font de la mefme couleur.

. Quatre-vingt Pages des Chevaliers de la Quadrille de Monfeigneur le Dauphin paroiftront
enfuite, veftus des Couleurs des quatre Brigades de cette Quadrille, dont le meflange pro-
duira une agreable & riche diverfité. Ils feront
avantageufement montez, & porteront les Ecus
de leurs Maiftres.

Les fix Pages des deux Maréchaux de Camp
de la mefme Quadrille, paroiftront enfuite, &
marcheront trois à trois.

Ils feront fuivis des Trompettes & Timbaliers de Monfieur le Duc de S. Aignan, Maréchal
de Camp General.

Ce Duc fous le nom d'Abenamin fuivra, avec
quatre Eftafiers à fes Etriers, portans des Bâtons
dorez.

Deux

Deux de ſes Pages porteront, l'un ſa Lance,
& l'autre ſon Ecu ; & deux autres ſeront chargez
de ſes Dards.

Monſieur le Duc de S. Aignan ſera veſtu d'une
Cuiraſſe à l'antique de lames d'argent, ornée de
Broderie tout or, & d'Echarpes de Rubis. Son
Caſque ſera d'argent, & de Feüilles d'or bruny,
chargé d'un Sphinx d'or, qui ſoûtiendra quinze
Plumes toutes blanches, & quinze autres mouchetées d'incarnat, & de noir, avec une Aigrete
de Heron. Le devant de ce Caſque ſera orné
de Rubis, ſon Sonnelet ſera de Satin incarnat
brodé de feüillages d'or, d'argent & de Rubis.
L'Epée & le Ceinturon en ſeront auſſi garnis, il
aura l'Epée à la main pendant la marche, auſſi
bien que les autres Officiers Genéraux. Son
Cheval ſera fort ſuperbe, ſa Houſſe ſera de la
meſme richeſſe que l'Habit qu'on vient de décrire. Un Bouquet de Plumes comme celles du
Caſque ornera la teſte du Cheval, dont les al-
lures ne s'accommoderont pas mal à la fierté,
que le Maiſtre fera paroiſtre ſous les armes. Ses
Pages & ſes Eſtafiers, ſes Trompettes & ſon Tim-
ballier porteront les meſmes Couleurs, que
ceux de Monſeigneur le Dauphin, qui ſont In-

D

carnat & d'argent, mais le deſſein des Habits ſera different ; & comme il eſt Maréchal de Camp
Genéral, on a mêlé un peu de noir parmy l'Incarnat, afin que les Couleurs euſſent quelque
choſe qui marquaſt un Equipage particulier.
Ceux des deux Maréchaux de Camp de la premiere Quadrille auront les meſmes couleurs.

Avant que d'entrer dans le détail d'aucune
des deviſes qui doivent paroiſtre à ce Carrouſel,
on doit dire que la Deviſe eſt une expreſſion in-
génieuſe de quelque paſſion ſecrette, & quelle
ſert à faire l'aplication, d'une proprieté naturelle
de quelque corps ſenſible à une qualité morale.
On exprime par là ſes ſentimens d'une maniere
ingenieuſe. Les Maures, & les Arabes les expli-
quoient ſeulement par des couleurs, l'Alcoran
leur ayant défendu toutes ſortes de Figures, il ne
reſta que ces deux voyes d'exprimer leurs penſées
par des choſes ſenſibles, & c'eſt d'eux que nous
eſt venuë l'explication des Couleurs ; mais elles
ne ſont pas aujourd'huy ſi myſtérieuſes qu'elles
eſtoient ſous les Maures : ce n'eſt pas qu'ils ayent
toûjours ſi exactement obſervé l'Alcoran, qu'ils
n'ayent quelquefois pris des Deviſes figurées. On
en trouvera de toutes manieres parmy le grand

nombre de celles, qui entrent dans ce Carrousel.

La Devise de Monsieur le Duc de S. Aignan est un Diamant taillé à facettes, & sans estre mis en œuvre, avec ces mots.

DA OGNI PARTE FIAMMEGGIA.

Voicy l'Explication que Mr de Vertron en a faite.

A la Cour, au Parnasse, & dans le Champ de
*   Mars,*
Ce Guerrier intrépide agit toûjours de même;
Son esprit, sa vigueur, & sa valeur extrême,
Comme le Diamant brillent de toutes parts.

Monsieur de Casaux se fera ensuite remarquer avec l'Ecu de Monseigneur le Dauphin qu'il portera, sur lequel il y aura trois Couronnes pour Devise; sçauoir une Couronne de Dauphins au milieu, une de Myrthe à l'un des costez, & une de Laurier à l'autre, avec ces paroles.

LAS MERECE.

Voicy des Vers qui ont esté faits sur cette Devise.

Pour le mieux couronner, le Sang, l'Amour, la Gloire,
Se sont disputé la victoire.
Ces Couronnes d'un prix à qui tout doit ceder
Rendent sa grandeur sans limite,
Heureux qui peut les posseder,
Mais plus heureux qui les mérite.

Il sera superbement monté, & son Habit sera incarnat, & brodé d'argent. Vingt Pages de Monseigneur le Dauphin le suivront. Ils seront vestus en Africains, avec des Habits incarnat brodez d'Arabesques d'argent. Leur chaussure sera en Brodequins, & leurs Plumes incarnat & blanc. Les Housses de leurs Chevaux seront de la mesme couleur de leurs Habits, & aussi brodées d'argent, & les Harnois de mesme, & en chanfrin, les testes de leurs Chevaux seront aussi ornées de Plumes incarnat & blanc.

Monsieur du Gast, & Monsieur de Neuville, Ecuyers de la Grande Ecurie, marcheront ensuite, portant l'un la Lance de Monseigneur le Dauphin, & l'autre ses Dards.

Deux Timbaliers & huit Trompettes suivront ces deux Ecuyers. Leurs Habits doivent estre tres-riches, & de la mesme couleur que ceux des Pages, mais d'un dessein diférent.

Monseigneur le Dauphin sous le nom de Muce, que ce Prince a choisy luy-mesme, & monté sur un Cheval d'Espagne bay, appellé *le Glorieux*, se fera ensuite remarquer au milieu de vingt Valets de pied portant des Dards, & sera moins distingué par la foule qui l'environnera, que par la bonne mine qu'il a à cheval ; & si, comme il s'est pratiqué en beaucoup de Carrousels, il y avoit un Prix pour le plus bel Homme de cheval, & qui a la meilleure grace les armes à la main, ce Prix ne luy seroit pas disputé par ceux mesme à qui ce Prince seroit inconnu.

Il aura derriere luy Mr de Gassion, Enseigne des Gardes du Corps, & Mr du Saussoy, Ecuyer du Roy, & servant présentement auprés de Monseigneur le Dauphin.

Les vingt Valets de pied qui l'environneront feront vestus en Africains, & la richesse de leurs Habits sera presque égale à celle des Habits des Pages, qu'on vient de décrire. L'Habit de Monseigneur le Dauphin sera brodé d'argent sur un fonds d'incarnat vif, les Gances des Fleurons seront de petits Rubis & Diamans, & toutes les tailles en seront marquées par une Mosaïque de Velours noir decoupée, & brodée d'or qui en-

E

chaſſe de petits Rubis & Diamans. L'Habit eſt
fermé par de grandes Boutonnieres d'or, dont les
petits Ornemens ſont de Rubis & de Diamans.
Le Tonnelet eſt brodé de meſme le corps, &
garny de meſmes Boutonnieres. Il eſt ſeparé en
huit Baſques. Dans le milieu de chacune on voit
une Teſte brodée en Bas-relief, & coëfée d'une
petite Chaîne de Rubis & de Diamans, qui en-
trelaſſe ſes cheveux. Une Campane d'argent en
feuille de Jaſmin, borde les Baſques du Tonnelet. La Poignée de l'Epée, le Fourreau, & le
Porte-Epée, ſont garnis de Rubis & de Diamans. Un Collier tout de Pierreries luy ſert de
Cravate. Sa Coëfure en forme de petit Turban
formé de taillades à jour, eſt de Velours noir,
tout garny de Rubis & de Diamans enchaſſez
dans de l'or. Ses Plumes ſont blanches, mouchetées d'incarnat, & ſurmontées d'une Aigrette
noire. La Houſſe du Cheval de Parade eſt extraordinaire pour le deſſein & pour la richeſſe.
C'eſt un Compartiment Arabeſque, decoupé,
& brodé d'or. Des Pierreries ſont enchaſſées
dans cette Broderie, de meſme que dans celle
de l'Habit. Le fonds incarnat eſt brodé de grands
Fleurons qui entrelaſſent l'Arabeſque de Ve-

lours. Toutes les graines de la nerveure de la Broderie sont de Rubis & de Diamans. Tous les contours de la Housse sont ornez de petits Festons de Point d'Espagne d'argent, garnis de Pierreries, aussi-bien que le Harnois du mesme Cheval.

Le Cheval sur lequel Monseigneur le Dauphin doit coure est Isabelle, & nommé *le Parfait*. Sa Housse est brodée sur un fonds incarnat coupé en maniere de Lambrequins, sur chacun desquels on voit une Teste brodée en Relief, avec des Ornemens pareils aux Basques de l'Habit de ce Prince. Le Harnois est incarnat, tout brodé d'argent, avec des Roses de Rubis & de Diamans, ainsi que les Bossettes, la Musiliere & le Fronteau. L'Aigrette qui orne la teste de ce Cheval, est en maniere de Soleil.

Monsieur le Marquis de Dangeau, l'un des Maréchaux de Camp de la Quadrille de Monseigneur le Dauphin, est à la teste de vingt Chevaliers de cette Quadrille. Il est entouré de trois Estafiers. Il seroit difficile de rien voir de plus magnifique que son Habit. Il a les mesmes Couleurs que le Maréchal de Camp Général. Sa Devise est un Oranger chargé de Fleurs & de Fruits, avec ces paroles.

FERT AUTUMNI ET VERIS HONORES.

Il a dequoy s'applaudir en tout temps
De la gloire qui l'environne.
Regardez-le dans son Printemps,
La beauté de ses Fleurs étonne;
Regardez-le dans son Automne,
Peut-il avoir des Fruits plus éclatans?

On trouvera à la fin de ce Livre les Devises, avec l'Explication de la plus grande partie, de mesme celles qu'on vient de voir.

Voicy les noms des Chevaliers de la premiere Quadrille, selon l'ordre qu'ils paroistront, & mesme les noms des Personnes qu'ils représentent dans ce Carrousel.

CHEVALIERS ABENSERRAGES.

Monsieur le Marquis de Créquy,	*Zelebin*
Monsieur le Marquis de Nangis,	*Zuleme*
Monsieur le Comte de Brionne,	*Abindarays*
Monsieur le Duc de la Trimoüille,	*Zayd*
Monsieur le Grand Prieur,	*Abenamar*
Monsieur de Mailly,	*Hamat*
Monsieur de la Rocheguion,	*Muley Hassen*
Monsieur le Prince d'Elbeuf,	*Zarcan*
Monsieur le Duc de Vendosme,	*Moraysel*
Monsieur le Comte de Fiesque,	*Albayad*

Ces

Ces Chevaliers auront chacun une Lance à la main, & deux Eſtafiers à coſté d'eux. Leurs Couleurs ſont Or & Noir. Le fond des Habits des Chevaliers eſt d'une Etofe lamée d'or, ſur laquelle il y a un Compartiment de Velours noir decoupé, & enrichy de Roſes de Diamans & de Rubis, enchaſſez dans de la Broderie d'or. Les fonds de la Lame, qui paroiſſent entre les Compartimens de Velours, ſont rebrodez d'or mat ſur les fonds brillans, de maniere qu'il ſemble que ce ſoient des Habits de Velours noir decoupez, ſur des Habits de Toile d'or. Les Coëfures ſont dans le meſme gouſt, & ornées de Plumes noires mouchetées d'Aurore, avec une Aigrette blanche dans le milieu. Les Houſſes des Chevaux ſont à jour, & brodées d'or comme les Habits, & garnies de Rubis & de Diamans. Les Bas ſont noirs, & brodez d'or, & laſſez en maniere de Brodequin à jour, tout garny de Pierreries.

Les Habits des Pages ſont à fond noir, & brodez d'or. Leurs Houſſes ſont de meſme, & les Habits des Eſtafiers ſont preſque d'une égale richeſſe. Toutes les Lances de cette Brigade ſont noires, & remplies d'Ornemens d'or. Elle doit eſtre ſuivie de celle des Gazules. Ils marcheront la Lance à la main , & en cet ordre.

GAZULES.

Monſieur le Prince de Furſtemberg,	*Gazul*
Monſieur le Prince Camille,	*Ortobule*
Monſieur de Chamarante,	*Almadan*
Monſieur le Marquis de Bellefond,	*Almida*
Monſieur le Marquis de Nelle,	*Morat*
Monſieur de Conikſmarc,	*Aladul*
Monſieur le Prince de Rhoan,	*Reduan*
Monſieur le Duc de Roquelaure,	*Abdalla*
Monſieur le Prince de Tingry,	*Abaza*
Monſieur le Marquis de Rochefort,	*Mecmet*

Les Chevaliers de cette Brigade ont pour Couleurs , Violet & Argent. Ils ont de grandes Veſtes fermées par devant, avec de riches Boutonnieres d'or, ornées de Rubis & de Diamans. Un Turban envelopé de Chaînes de Pierreries, leur ſert de Coëfure. Leurs Houſſes ſont à fond violet , brodées d'or, en maniere de Caparaçon. Tous les Habits de cette Brigade, juſques à ceux des Eſtafiers, ſont ſi magnifiques, qu'elle peut eſtre appellée la Riche.

Monſieur le Duc de Gramont, auſſi Maréchal de Camp de la premiere Quadrille, fous le nom d'Ibrahim paroîtra enfuite à la teſte des vingt Chevaliers reſtansde la meſme Quadrille, dont voicy les noms.

ALABESES.

Monſieur le Marquis de Hautefort,	*Alabez*
Monſieur le Marquis de la Chaſtre,	*Almanzor*
Monſieur le Chevalier de Broglio,	*Cidhamet*
Monſieur le Comte de Braſſac,	*Zelindor*
Monſieur Dantin,	*Alhamin*
Monſieur de Trenel,	*Ramire*
Monſieur de Villacerf,	*Alderadin*
Monſieur le Marquis de Livry,	*Orcame*
Monſieur de Médavy,	*Helyhamte*
Monſieur de Liſtenoy,	*Alderic*

Le Griſdelin & Argent brillent dans cette Brigade, puis que ces dix Chevaliers le portent pour Livrée. Leur Habit eſt en maniere de Veſte, avec une Moſaïque réguliere brodée d'argent, & dans chaque Fleuron, il y a une Emeraude. Deux manieres d'Echarpes de Velours noir brodé d'or, traverſent tout le devant & le derriere du corps. Il y a dans le milieu du devant, une Enſeigne de Pierreries qui attache ces deux Echarpes. La Coëfure eſt d'une Etofe d'argent rayée grifdelin & or , & faite en Turban , & les Plumes ſont blanches & grifdelin. Les Houſſes ſont en maniere de Reſeau fort large. Les croiſades de chaque Reſeau ſont noüées d'un Nœud de Diamans , & ce Reſeau eſt brodé de Fleurons , & bordé d'une large bande de grifdelin, avec des Fleurons d'argent, ornez d'Emeraudes & de Diamans.

Les Habits des Pages ſont en partie de peau de Tigre, & de Reſeau d'or , au travers duquel on croit voir la chair. Leur Coëfure paroiſt une teſte naturelle de Leopard, & elle eſt couverte de Plumes grifdelin. Ces Pages ſont armez d'Arcs & de Fléches. La Houſſe de leurs Chevaux eſt une peau de Tigre , dont les deux moitiez de teſte ſe viennent raſſembler au poitrail. Les Eſtafiers ſont auſſi tres-richement veſtus, & dans le meſme gouſt que le reſte de la Brigade. Les Lances de ceux qui la compoſent ſont grifdelin, & toutes remplies d'Ornemens d'argent, & l'on peut dire que ces Chevaliers remporteroient le Prix de la Galanterie, ſi l'on en donnoit encore aux Carrouſels. Ceux qui les ſuivent ne ſurprendront pas moins par la richeſſe de leurs

Habits

Habits. C'eſt la Brigade des Almoradis. Ils ſont accompagnez chacun de deux Eſtafiers & marchent la Lance à la main.

ALMORADIS.

Monſieur le Chevalier Colbert,	*Almorady*
Monſieur Cœdelet,	*Zagabi*
Monſieur le Marquis de Plumartin,	*Odomar*
Monſieur de Bouzoles,	*Azahide*
Monſieur de Mirpoix.	*Almohabes*
Monſieur le Comte de Roucy,	*Azarque*
Monſieur de Tiange,	*Delimant*
Monſieur de Caſtres,	*Omar*
Monſieur le Comte de la Fayette,	*Almeric*
Monſieur de Palavichin,	*Benavide*

On ne peut rien voir de plus magnifique que leurs Habits. Le corps eſt une Armure Africaine dont le fond eſt couleur de feu, avec une Teſte de Méduſe brodée d'or dans le milieu du corps. Toutes les Bordures de l'Habit ſont brodées d'or ſur du noir, & tout le fond couleur de feu eſt brodé d'Ornemens d'argent. Le Tonnelet coupé en pluſieurs Baſques rondes, eſt de la meſme richeſſe que le corps. Les Manches, qui ſont de Point d'Orillac, or & argent, en maniere de Chemife, & à jour, font refferrées par trois Bracelets de Diamans & de Rubis, & tout l'Habit eft orné de Diamans & d'Emeraudes. La Coëfure eft de Velours noir, brodée d'or, & ornée de Rubis & de Diamans. Les Plumes font couleur de feu, montées en chanfrin, avec une Aigrette noire. Ces Chevaliers ont une maniere de Colier de Velours noir brodé d'or, & couvert de Rubis & de Diamans. Leur Peruque eft courte par devant, & tombe en rond derriere le dos, avec quatre grandes Nattes laffées de Perles, de Rubis & de Diamans. La Garde de leur Epée, & le Fourreau font couverts de Pierreries, & les Lances couleur de feu, & peintes d'Ornemens d'argent. Plufieurs Bandes en maniere de Chaînes forment les Houffes, & fe viennent toutes raffembler autour d'une Tefte de Médufe, des deux cofté de la croupe du Cheval. Le vuide de toutes ces Bandes de Chaînes, eft un Raifeau d'or à jour, & l'on voit encore une Tefte de Médufe dans le milieu du poitrail, où fe viennent attacher les deux côtez de la Houffe. Tout le Harnois de la Tefte du Cheval eft couleur de feu, brodé d'Ornemens d'argent, & couvert de Diamans & d'Eme-

raudes. Les Boſſettes, la Muſilliere & le Fronteau, en ſont auſſi chargées, & les Plumes des
Chevaux ſont de meſme couleur que celles des
Chevaliers, & montées de meſme. Le crin des
Chevaux eſt attaché en maniere de Feſtons , &
noüé de Rubans, avec une Roſe de Diamans ſur
le nœud. Les Habits des Pages & des Eſtaſiers
répondent à ceux des Chevaliers, & ſont auſſi
ornez de Broderie.

Cette Quadrille ſera ſuivie de celle que com-
mande Monſieur le Duc de Bourbon.

Les deux Chefs & leur Equipage ayant des
Couleurs particulieres , ainſi qu'on l'a déja marqué , celles de Monſieur le Duc de Bourbon ſeront Bleu, Or & Argent , & ſes Couleurs com-
menceront à ſe faire remarquer ſur les Habits de
deux Tymbaliers & de ſix Trompettes , qui ſeront auſſi galamment , que richement vétus.
Monſieur le Duc de Bourbon paroiſtra enſuite
ſous le nom de Abderame , entouré de dix Valets de pied vétus en Négres. L'Habit de ce Prince eſt une Veſte dont le fond eſt bleu. Toutes les
Tailles, Boutonnieres & Ceintures ſont brodées
d'Or mat , rebrodé de petites Fleurs d'Or brillant, qui enchaſſent des Rubis & des Diamans,

& tout le plein de l'Habit, eft brodé d'Argent en compartimens, où font enchaffées d'autres petites Pierreries. La Coeffure eft un Turban d'une Etoffe à fond d'Argent rayé d'Or, & de Bleu; enrichy de plufieurs Feftons de Rubis, & fa grande magnificence n'empefche pas qu'on n'y remarque une maniere galante.

Son Colier eft de Velours Noir enrichy de Pierreries. Il a pour chauffure un Bas de Soye bleu, brodé Or & Argent, & un brodequin à jour orné de Rubis, & de Diamans. La Houffe de fon Cheval de parade fera à jour, & orné de quantité de Feftons brodez d'Or. Les Fleurs des Feftons font formées dans la broderie par des Rubis, & des Diamans, la Teftiere & la Bride du Cheval, font d'une broderie or & argent fur un fond bleu, avec quantité de Pierreries, les Boffettes & les Eftriers en font auffi couverts. Une Aigrette de Pierreries, brille fur la tefte du Cheval, & par deffus cette Aigrete, plufieurs Plumes bleuës & blanches s'élevent en chanfrein. La Houffe du Cheval n'eft pas moins magnifique, elle eft auffi brodée fur un fond bleu, & affortit tres-bien à l'Habit.

Monfieur le Duc de Bourbon fera au milieu

de

de dix Négres. Leurs Veftes font à bandes or &
bleu. Ces bandes font jointes par entrepoils
par des Raizeaux d'argent à jour, au travers def-
quels on voit des Caleçons de Satin noir, dont
le luifant reprefente tres-bien la peau du Negre.
Ils font armez d'Arcs, de Carquois, & de Coliers
d'argent, & ont tous des Pendants d'oreilles.
Leur Turban eft grand & de forme bizare, & des
Plumes bleuës & blanches s'élevent au deffus.

Monfieur le Duc d'Ufez, Maréchal de Camp de
cette Quadrille, fous le nom d'Amurat, fuivra
Monfieur le Duc de Bourbon, & fera à la tefte
des Zegris & des Vanegues. trois Eftafiers environneront ce Duc, dont l'Habit fera d'une fort
riche Etoffe, refferée par plufieurs Ceintures de
Pierreries enchaffées dans de la broderie d'or fur
un fond bleu : ce qui forme une maniere d'armure
Africaine. Il a pour coeffure un Turban dont
l'Etofe quoy que fort riche, eft laffée de Pierreries.
Une Crefte s'éleve au deffus de ce Turban, & il en
fort des Plumes bleuës & blanches. Il a un Bas
de Soye bleu brodé d'or, avec des brodequins à
jour, & fon Sabre eft garny de Pierreries. La
Houffe de fon Cheval, égale prefque fon Habit en
beauté & richeffe.

H

Les Zegris qui le suivent la Lance à la main, sont accompagnez chacun de deux Estafiers. Il faut remarquer que tous les Chevaliers qui composent ce Carrousel, portent eux-mesmes leur Lance, ce qui ne s'estoit pas encor pratiqué. Mais comme on a remarqué la bonne grace qu'ils avoient à la porter, on a jugé à propos de les faire voir les armes à la main à ceux qui n'auroient que le plaisir de la marche.

ZEGRIS.

Monsieur de Blanzac,	*Mahomad*
Monsieur de Valentinois,	*Zelim*
Monsieur le Duc de la Ferté,	*Dragut*
Monsieur le Marquis d'Alincourt,	*Tharsis*
Monsieur le Chevalier de Sully,	*Audalsa*
Monsieur de Sainte Frique,	*Mohavide*
Monsieur d'Artagnan,	*Alhamet*
Monsieur le Marquis de Verains,	*Atarfe*
Monsieur le Prince d'Harcourt,	*Olicarsis*
Monsieur de Liancourt,	*Abdelmeles*

Leur Habit est une Veste fermée par des Agrémens en maniere de Boutonnieres d'or, ornées de Rubis. Elle est ceinte d'une Ceinture d'or enrichie de Rubis & de Diamans. Le bas de cette Veste

eſt ouvert par pluſieurs petites Baſques brodées
d'or , & tout le plein de la Veſte eſt brodé d'argent meſlé de petits Agrémens d'or qui enchaſſent les Pierreries. Ils ont des Bas verds, brodez
or & argent, & des Brodequins à jour, brodez
de meſme, & ornez de Pierreries. Leur Turban
eſt d'une Etofe argent & or, laſſée de Chaînes
de Diamans & de Rubis , & leurs Plumes vertes & blanches, avec une Aigrette noire. Leurs
Houſſes ſont d'une maniere extraordinaire , &
des plus magnifiques. C'eſt un bord qui forme
un Compartiment de Broderie d'or , qui enferme
un fond verd brodé d'Ornemens d'argent , où
ſont meſlez d'autres plus petits Ornemens d'or,
dans leſquels ſont enchaſſées les Pierreries. Le
Harnois & la Bride, ſont verd, or & argent, &
ornées auſſi de Pierreries. Les Chevaux ont des
Plumes vertes & blanches , montées en chanfrein.

Les Pages ont pour Habit un Corcelet à jour
brodé or & argent, un Jupon brodé de meſme,
& ſeparé en pluſieurs Baſques rondes. Leurs
Houſſes ſont vertes , avec une Broderie or &
argent. Les Eſtafiers ont une demie Veſte ou-
verte de pluſieurs Baſques en pointe , & ſepa-

rées par devant, sous laquelle on voit une maniere de Chemise de toile d'argent, & rayée de
verd. Au bas de cette Chemise, qui descend
plus bas que la Veste, il y a une riche Campane
d'or. Les manches de cette maniere de Chemise
sont fort larges, & serrées avec plusieurs riches
Bracelets. Leur Turban est d'une Etofe pareille
à celle de la Chemise, & garny de Plumes blanches & vertes. Les Vanégues suivent les Zegris.

VANEGUES.

Monsieur de Queroël,	Merinés
Monsieur le Marquis de Soyecourt,	Zaphir
Monsieur le Marquis de Gondrin,	Carabil
Monsieur de Villequier,	Osmin
Monsieur de Meilly,	Haly
Monsieur le Comte d'Hotel,	Boaudalin
Monsieur le Comte d'Hanau,	Astiorix
Monsieur le Comte de Carpegna,	Alamir
Monsieur de Nogaret,	Zamorin
Monsieur le Marquis de Villars,	Scandre

Ces Chevaliers ont pour Habit, un Corselet
Africain, dont le fond est jaune, & brodé d'or
& d'argent avec des Rubis, & des Diamans.
Tous les contours de l'armure sont noirs, &

brodez

brodez d'or. Le refte de l'habillement eft de la mefme richeffe, & affortit à ce Corfelet. La Houffe des Chevaux eft formée de plufieurs manieres de bandes d'argent qui fe joignent en divers endroits, & font ratachez par des Teftes de Lyons en relief brodées d'argent. Les Habits des Pages font de broderie d'argent fur un fond jaune. Les Eftafiers font vétus d'un Brocard jaune & argent. Monfieur le Marquis de Tilladet, Maréchal de Camp de la mefme Quadrille, fous le nom d'Alcomat, marche fur les pas des Vanegues, & à la Tefte de quatre-vingt Pages Gomeles & des Maces qui vont deux à deux fuperbement montez, & portent les Ecus & les Dards des Chevaliers de ces deux Brigades. L'Habit de Monfieur de Tilladet eft pareil à celuy de Monfieur le Duc dUfez, Maréchal de Camp la mefme Quadrille. Ce Marquis eft environné de trois Eftafiers, qui font fuivis des trois Pages de Monfieur de d'Ufez, & des trois fiens. Les Gomeles paroiffoient aprés, accompagnez chacun de deux Eftafiers, ainfi que les Chevaliers des Brigades qui ont précedé.

I

GOMELES.

Monſieur de Coſſé,	*Carafis*
Monſieur de Vieuxbourg,	*Benarix*
Monſieur de Monchevreüil,	*Zelman*
Monſieur Ferdinand,	*Theroſe*
Monſieur de Bouligneux,	*Herſecolis*
Monſieur le Chevalier de Soyecourt,	*Zinderame*
Monſieur de Vibray,	*Tamaras*
Monſieur le Marquis de Novion	*Alamut*
Monſieur le Duc d'Atris,	*Ambiorix*
Monſieur de Polignac,	*Imirſe*

Les Habits de ces Eſtafiers ſont faits par taillades brodées d'argent, ſur du Satin cramoiſy.
Toutes les extrémitez des Taillades ſont fermées
par une Roſe de Pierreries. On voit au travers
de ces Taillades une Chemiſe de toile d'or lamée.
Les Brodequins ſont cramoiſy & brodez. La
Coëfure eſt auſſi faite par Taillades, & garnie
de Pierreries, & de Plumes cramoiſy & blanc.

Les Houſſes ſont brodées par Bandes en Loſange, & ces Loſanges ſont remplies de Roſes
de Rubis & de Diamans. La Bride & la Teſtiere
du Cheval ſont cramoiſy, ornées d'Agrémens
d'argent. Il a un Chanfrein de Plumes cramoiſy
& blanc.

L'Habit des Pages de cette Brigade eſt un Corps cramoiſy, qui ſe ferme avec de grandes Boutonnieres de Pierreries. Les Chauſſes ſont en maniere de Trouſſes, & les Manches de meſme, ornées d'Agrémens & de Pierreries. Leur Coëfure eſt compoſée de pluſieurs Feſtons tombans ſur le dos, & toute tailladée comme les Manches. Chaque Feſton eſt noüé d'un Nœud Ruban cramoiſy & argent. Les Eſtafiers ont de petites Baſques, & une maniere de Capot qui leur ſert de Coëfure ; le tout cramoiſy & blanc, & par bandes.

La huitiéme Brigade paroiſt enſuite. Elle eſt compoſée des Chevaliers dont voicy les noms. Ils ont tous la Lance à la main, ainſi que ceux des ſept autres Brigades, & ſont accompagnez chacun de deux Eſtafiers.

MACES.

Monſieur de Vaubecourt,	*Ulma*
Monſieur de Surville,	*Muſtapha*
Monſieur de Murcé,	*Azamor*
Monſieur de Quelus,	*Giangir*
Monſieur le Marquis de Molac,	*Macmut*
Monſieur de Froulé,	*Cariſe*
Monſieur le Marquis de Moüy,	*Atalaric*

Monſieur de Beſemau,   *Zabaime*
Monſieur de Bournonville,   *Almidor*
Monſieur le Marquis de Charoſt, *Albumazar*

Le Feüille & argent eſt la Couleur de cette Brigade. L'habit des Chevaliers qui la compo-ſent, eſt une Veſté dont le fond eſt Feüille mor-te. Les ornemens de cette Veſte ſont brodez d'argent avec un peu d'or, & de noir, & toutes les Pierreries ſont de Rubis & de Diamans. Les Veſtes des Pages ſont chamarrées en loſange, & ornées de Pierres de couleur. Elle ſont ceintes d'Echarpes Feüille morte & blanc. Les Veſtes des Eſtafiers ſont de Brocard d'argent & Feüille morte; elles ſont courtes par le devant, & laiſ-ſent voir une maniere de chemiſe de Taffetas lainé d'argent, & rayé Feüille morte, au bas de laquelle pend une Frange d'or.

Cette Brigade eſtant de la Quadrille de Mon-ſieur le Duc de Bourbon, Monſieur de la Ver-gne Ecuyer de ce Prince mache aprés les Maces, & porte ſon Bouclier. Dix Pages de ce meſme Prince viennent enſuite deux à deux, ils ſont vé-tus en Africains, avec des Corſelets, dont la bro-derie eſt or & argent ſur un fond bleu.

Monſieur de la Nouë Ecuyer de Monſieur le Duc

Duc de Bourbon ferme la marche.

| Lors qu'elle sera finie la comparse commencera, c'est à dire l'entrée des Quadrilles dans la Carriere dont elles feront tout le tour, pour se faire voir aux Spectateurs, & iront ensuite se rendre aux postes qui leur seront destinez.

Toute la pompeuse Calvacade qui vient d'être décrite, ayant défilé devant l'Echafaut du Roy, & Monsieur du Mont, & suivy de des Pages de la Quadrille de Monseigneur le Dauphin, qui défileront deux à deux, estant arrivé pour commencer la Comparse à l'entrée de la Carriere qui a esté marquée par Monsieur le Duc de Saint Aignan Maréchal de Camp Genéral, les Trompetes & Timbaliers de ce Duc marcheront aprés eux. Il les suivra, accompagné de ses quatre Pages, qui marcheront aussi deux à deux, l'un portera une Lance dorée, & fort riche, l'autre l'Ecu où la Devise sera peinte, & les deux autres porteront ses Dards. Ses Estafiers auront chacun un Javelot doré, au lieu des Bâtons qu'ils avoient auparavant. Le Maréchal de Camp Genéral, & les autres Maréchaux de Camp entreront l'Epée à la main pour saluer le Roy, & pendant les Courses ils reprendront leurs Bâtons de commandement.   K

La Lice eſtant un Quarré égal , on y entrera par l'un des coſtez oppoſé à celuy du Roy pour marcher de front en bataille devant Sa Majeſtê.

Les quatre-vingt Chevaliers formeront un front de toutes les Couleurs , dont la droite ſera compoſée des Abenſerrages , ayant à leur gauche les Gazules , les Alabezes & les Almoradis, & aprés une plus grande diſtance , les Zegris , les Vanegues , les Gomeles, & les Maces, qui tiendront la gauche de tout.

Un Bataillon de tous les Eſtafiers ſera poſté derriere eux ; les Pages ſeront ſur les aiſles ainſi que les Timballiers & les Trompettes.

Monſeigneur le Dauphin ſera à la Teſte des Abenſerrages.

Monſieur le Duc de Bourbon ſera à la Teſte des Zegris , & Monſieur le Duc de Saint Aignan un peu plus avant , & vis à vis de l'Echafaut du Roy.

Aprés qu'on aura demeuré quelque temps en cét état aux fanfares des Trompettes , les Abenſerrages défileront deux à deux ſuivis des Gazules. Les Zegris & les Vanegues prendront une route contraire. Les Alabezes & les Almoradis en prendront une autre , & les Gomeles & les

Maces en changeront auffi pour aller occuper les quatre coins de la Lice hors des Barrieres , chaque Troupe eftant de vingt fous le Maréchal de Camp qui doit les commander. Tous les Trompettes & les Timballiers marcheront à leur Tefte, & iront fe pofter aux quatre Angles de la Lice.

Le Maréchal de Camp Genéral partira de fa place aprés eux , & ira fe pofter droit au milieu de la Lice , ayant feulement fes quatre Eftafiers à fes coftez.

En cet état on commencera les Courfes, lefquelles eftant finies , les Abenferrages , les Gazules , les Alabefes , & les Almoradis , fe joindront , & feront un Front oppofé à celuy des Zegris , des Vanegues , des Gomeles & des Maces ; ce qui fera un tres-bel effet, parce qu'ayant la Lance à la main, & eftant difpofez comme s'ils eftoient fur le point de fe combatre, le Maréchal de Camp Genéral marchera vers l'un & vers l'autre Party , comme pour y donner la Paix , & alors ils fe mettront en marche pour la Retraite, au mefme ordre qu'ils feront entrez , excepté que le Maréchal de Camp General , fes Trompettes , Timbaliers, Pages, & Eftafiers , fortiront les derniers de la

Lice, & que la marche se continuëra jusque dans la seconde Cour, où elle aura commencé.

Comme apres la Comparse on doit commencer les Courses, il est necessaire de marquer icy les Reglemens & Ordonnance de Camp, que le Maréchal de Camp General a fait publier sur ce sujet.

I.

Es Chevaliers des Quadrilles ayant fait le tour du Camp par dehors, précedez de leurs Pages, & suivis de leurs Estafiers, & passé devant le Roy, entreront dans la Lice pour la comparse, & prendront ensuite leurs postes aux quatre Angles des Barrieres, où ils recevront les ordres des quatre Maréchaux de Camp des Quadrilles:

SCAVOIR,

Les Abenserrages & les Gazules, de Monsieur le Marquis de Dangeau.

Les Alabeses, & les Almoradis, de Monsieur le Duc de Gramont.

Les Zegris, & les Vanegues, de Monsieur le Duc d'Usez.

Et les Gomeles, & les Maces de Monsieur le Marquis de Tilladet.

II.

II.

Tous les Chevaliers de Quadrilles courront quatre enſemble, des quatre coſtez de la Lice, deux de chaque party.

III.

Celuy qui fera le plus grand nombre de Teſtes, de quelque Quadrille qu'il ſoit, gagnera le Prix.

IV.

Si le Caſque, la Lance, le Dard, l'Epée, le Gand, le Fourreau, ou l'Eſperon vient à tomber à quelqu'un d'eux ; ſi le Cheval trotte ou s'abat, s'il perd la bride, ou l'un des Etriers, la Courſe ſera nulle.

V.

Meſſieurs les Maréchaux de Camp des Quadrilles ordonneront que les Chevaliers, enſuite d'une Courſe achevée, ne partent point pour en recommencer une autre, que les Trompettes n'ayent fait l'appel aux quatre coins de la Lice ; tant pour donner lieu aux Chevaliers de partir au meſme temps, que pour laiſſer le loiſir de faire des fanfares pour celuy qui aura fait les quatre Teſtes.

VI.

Et pour leur donner la facilité de partir enſemble, & leur faire regler leurs Courſes avec plus d'égalité, chacun d'eux ſera obligé de prendre la demy-volte autour du Maréchal de Camp qui donnera les ordres

L

à cette Quadrille. Fait à Versailles le vingt-huitié-me jour de May 1685.

LE DUC DE S. AIGNAN.

Il y aura vingt & une Course, chacune de quatre Chevaliers. En voicy le rang, avec les noms de ceux qui les doivent faire ensemble.

Premiere Course.

Monseigneur le Dauphin.
Monsieur le Duc de Bourbon.
Monsieur le Duc de Vandôme.
Monsieur le Comte de Brionne.

Deuxiéme Course.

Monsieur de Crequy,	*Abenserrage*
Monsieur de Hautefort,	*Alabeze*
Monsieur de Blanzac,	*Zegri*
Monsieur de Coffé	*Gomel*

Troisiéme Course.

Monsieur de Furstemberg,	*Gazul*
Monsieur le Chevalier Colbert,	*Almorady*
Monsieur de Queroël,	*Vanegue*
Monsieur de Vaubecourt,	*Mace*

Quatriéme Course.

Monsieur de Nangis,	*Abenserrage*
Monsieur de la Châtre,	*Alabeze*
Monsieur de Valantinois,	*Zegri*
Monsieur de Vieux-Bourg,	*Gomel*

Cinquiéme Course.

Monsieur le Prince Camille,	*Gazul*
Monsieur de Cœdelet,	*Almorady*
Monsieur de Soyecourt,	*Vanegue*
Monsieur de Surville,	*Mace*

Sixiéme Course.

Monsieur le Comte de Brionne,	*Abenserrage*
Monsieur le Chevalier de Broille,	*Alabeze*
Monsieur de la Ferté,	*Zegri*
Monsieur de Monchevreüil,	*Gomel*

Septiéme Course.

Monsieur de Chamarante,	*Gazul*
Monsieur de Plumartin,	*Almorady*
Monsieur de Gondrin,	*Vanegue*
Monsieur de Murcé,	*Mace*

Huitiéme Course.

Monsieur de la Trimoüille,	*Abenserrage*
Monsieur de Brassac,	*Alabeze*
Monsieur d'Alincourt,	*Zegri*
Monsieur Ferdinand,	*Gomel*

Neufiéme Course.

Monsieur le Marquis de Bellefons,	*Gazul*
Monsieur de Boussoles,	*Almorady*
Monsieur de Villequier,	*Vanegue*
Monsieur de Quelu,	*Mace*

Dixiéme Course.

Monsieur le grand Prieur,	*Abenserrage*
Monsieur Dantin,	*Alabeze*

Monsieur le Chevalier de Sully,   *Zegri*
Monsieur de Bouligneux,   *Gomel*

Onziéme Course.

Monsieur le Marquis de Nesle,   *Gazul*
Monsieur de Mirepoix,   *Almorady*
Monsieur de Meilly,   *Vanegue*
Monsieur de Molac,   *Mace*

Douziéme Course.

Monsieur de Mailly,   *Abenserrage*
Monsieur de Trenel,   *Alabeze*
Monsieur de Sainte Frique,   *Zegri*
Monsieur le Chevalier de Soyecourt,   *Gomel*

Treiziéme Course.

Monsieur de Conismarck,   *Gazul*
Monsieur le Comte de Roussy,   *Almorady*
Monsieur le Comte d'Ostel,   *Vanegue*
Monsieur deur de Froulé,   *Mace*

Quatorziéme Course.

Monsieur de la Rocheguyon,   *Abenserrage*
Monsieur de Villacerf,   *Alabeze*
Monsieur d'Artagnan,   *Zegri*
Monsieur de Vibraye,   *Gomel*

Quinziéme Course.

Monsieur de Rohan,   *Gazul*
Monsieur de Tiange,   *Almorady*
Monsieur le Comte d'Hanau,   *Vanegue*
Monsieur de Moüy,   *Mace*

Seiziéme

Seiziéme Courſe.

Monſieur le Prince d'Elbeuf,	Abenſerrage
Monſieur de Livry,	Alabeze
Monſieur de Vervins,	Zegri
Monſieur de Novion,	Gomel

Dix-ſeptiéme Courſe.

Monſieur de Roquelaure,	Gazul
Monſieur de Caſtres,	Almorady
Monſieur de Carpegne,	Vanegue
Monſieur de Baiſemau,	Mace

Dix-huitiéme Courſe.

Monſieur de Vandôme,	Abenſerrage
Monſieur de Medavy,	Alabeze
Monſieur le Prince d'Harcourt,	Zegri
Monſieur le Duc d'Atris,	Gomel

Dix-neufiéme Courſe.

Monſieur de Tingry,	Gazul
Monſieur de la Fayette,	Almorady
Monſieur de Nogaret,	Vanegue
Monſieur de Bournonville,	Mace

Vingtiéme Courſe.

Monſieur le Comte de Fieſque,	Abenſerrage
Monſieur de Liſtenay,	Alabeze
Monſieur de Liancourt,	Zegri
Monſieur de Polignac,	Gomel

Vingt-uniéme Courſe.

Monſieur le Marquis de Rochefort,	Gazul
Monſieur de Palavicin,	Almorady

Monſieur le Marquis de Villars,   *Vanegue*
Monſienr d'Ancenis Charoſt,   *Mace*

Les Teſtes de la premiere Courſe ne feront comptées
que pour Monſeigneur le Dauphin & pour Monſieur le
Duc de Bourbon, qui devoient courre feuls enfemble;
mais Monſeigneur le Dauphin ayant jugé que la Carriere ne feroit pas aſſez remplie, ſi elle ne l'eſtoit que
de deux Perſonnes, a choiſy Monſieur le Duc de Vendoſme & Monſieur le Comte de Brionne, pour la rem-
plir avec luy & avec Monſièur le Duc de Bourbon. Cette
remarque eſt neceſſaire pour empefcher qu'on ne ſoit
embarraſſé à chercher par quelle raiſon Monſieur de
Vendoſme & Monſieur de Brionne courent deux fois,
quand les autres Chevaliers ne courent qu'une.

Rien ne peut mieux ſuivre l'ordre des Courſes, que
la maniere dont on les fera.

Les quatre qui doivent courir enfemble, feront leurs
Voltes avec tant de concert, qu'ils arriveront en même
temps au milieu du Camp, apres quoy ils reprendront leur Carriere tous à la fois, chacun vers les Barrieres où feront les Teſtes qu'ils doivent emporter à
la Lance; puis avec une demy-Volte à la droite, ils
prendront un Dard chacun ſous leur cuiſſe, & reviendront darder la Teſte de Maure. Ils s'écarteront enfuite par une demie Volte à la droite, & reviendront
avec un autre Dard vers le milieu du grand Quarré
où ils ſe rencontreront, & feront enfemble une Volte

& demie aufli à droite , autour du Maréchal de Camp General. Cela fait , ils partiront tous enfemble dans le mefme temps , & chacun d'eux changeant de cofté , s'en ira vers la Barriere oppofée à celle où il aura dardé la tefte de Maure ; de là il prendra fa demy-Volte à droite , & reviendra le long de la Barriere darder la tefte de Médufe. Enfin par une demy-Volte à la droite , en s'écartant de la Barriere , il reviendra l'Epée à la main le long de cette Barriere , pour remporter la Tefte.

Si l'on confidere toutes les Perfonnes qui compoferont ce Carroufsl , la richeffe & la diverfité de leurs Habits , la quantité des Chevaux , la beauté de leurs Houffes , & mefme le nombre des Plumes , qui eft de plus de dix mille , on aura fujet de croire qu'on a voulu donner dans les formes un des plus grands Divertiffemens qu'il foit poffible de voir. Cependant fi on avoit eu ce deffein , on verroit autre chofe , & ce n'eft qu'un *in-prromptu* entrepris par Monfeigneur le Dauphin pour fon divertiffement. La France eft aujourd'huy dans un état à faire voir bien d'autres merveilles, fi le Roy vouloit entreprendre quelque chofe de grand de cette nature. On doit neanmoins demeurer d'accord que c'eft une chofe furprenante que la diverfité qui fe rencontre dans l'habillement de tant de Perfonnes d'une mefme Nation. C'eft en quoy on doit remarquer le génie de Mr Berrin , qui en ayant inventé tous les deffeins , a pris foïn de les faire executer. La richeffe ne

48

fait pas la feule beauté de ces Habits, on en voit fou-
vent de tres-riches qui ne font que des maffes d'or &
d'argent; mais l'on peut dire que dans ceux de ce Carroufel, il y a de la beauté, de l'intelligence, de la va-
rieté, & du gouft.

Voicy les Devifes que les Chevaliers doivent porter peintes
dans leurs Ecus. Elles font accompagnées d'autant de Madrigaux qui en donnent l'explication. Peut-eftre n'eft elle pas
entiérement jufte en toutes, parce que ceux qui les ont faites,
ne m'ont pas fait connoiftre le fens qui eft particulier à quelques-
unes. Telle eft celle de Monfieur le Marquis de Dangeau, qu'on
a employée au commencement de ce Livre, avant qu'on en euft
affez penétré le fens. Elle eft faite fur ce que ce Marquis eftant
un des Menins de Monfeigneur le Dauphin, ce qui convient à un
Homme d'un âge peu avancé, il a efté choifi pour être en même
temps Chevalier d'Honneur de Madame la Dauphine, qui eft
l'employ d'un Hôme d'un âge plus meur. Ainfi ces paroles *Fert*
Autumni & Veris honores, qui ont pour corps un Oranger chargé
de Fleurs & de Fruits, devoient eftre expliquées de cette forte.

> *Quels defirs ne feroient contens*
> *De la gloire qui l'environne,*
> *Puis que par des droits éclatans*
> *Qu'un Deftin peu commun luy donne,*
> *Il porte dans le mefme temps*
> *Les brillantes Fleurs du Printemps,*
> *Et les plus beaux Fruits de l'Automne?*

Ces Devifes devroient eftre placées dans les diférens endroits
où l'on parle des Chevaliers qui les porteront dans leurs Ecus,
& cela auroit fait un agrément & une diverfité dans le Livre,
parce qu'on n'auroit pas leu de fuite tant de chofes d'une mefme
nature, mais la plûpart ayant negligé de les envoyer affez à
temps, il a falu fe réfoudre à les mettre enfemble à la fin du Livre.
Encore n'eft on pas affuré de les avoir toutes, l'incertitude du
choix eftant caufe que plufieurs attendent au dernier jour à les
faire peindre.

POUR

POUR MONSIEUR LE DUC DE BOURBON.

Un Vaiſſeau appareillé dans un Port ſuperbe, &
preſt à partir.

ASPETTO L'AURA.

Flaté d'avoir pour guide une brillante Etoile ;
Qui de l'Aſtre du jour prend ſa vive clarté,
D'impatience à toute heure agité,
J'attens le vent pour faire voile.

POUR MONSIEUR LE DUC DE VANDOSME.

Un Miroir ardent oppoſé aux rayons du Soleil.

NO ARDE POR MENOS.

Il trouve à s'enflâmer de ſenſibles appas,
L'ardeur dont il eſt plein paroiſt à tout le monde :
Mais quoy qu'elle ſoit ſans ſeconde,
Pour un Aſtre moins noble il ne brûleroit pas.

POUR MONSIEUR LE GRAND PRIEUR.

Un Torrent qui en tombant d'une montagne en-
traîne des Arbres & des Maiſons, & deſcendu dans
la Plaine arroſe des Prez & fertiliſe des Campagnes.

SPAVENTA, E PIACE.

Il n'eſt rien de ſi dangereux
Que de ſe trouver ſous ſa chute.

Il force par un cours affreux
Les passages qu'on luy dispute;
Et cependant tout furieux qu'il est,
Coule-t'il dans la Plaine, il plaist.

POUR MONSIEUR LE PRINCE CAMILLE.

Un Etang, où dans le milieu paroist un boüillon d'eau, tel que le formeroit une pierre qu'on auroit jettée; ce qui fait naistre quantité de cercles, qui s'agrandissent jusque sur les bords de l'Etang.

PAR MAGNO MINIMUS SURGE.

Quand ce cerle élargy jusques au bord se rend,
Cet autre plus petit ne doit pas vous surprendre;
Donnez-luy le temps de s'étendre,
Il sera pareil au plus grand.

POUR MONSIEUR DE NANGIS.

Une Barre de fer sur un brasier ardent, qui est directement sous le milieu.

SE NON ARDE, NON SI PIEGA.

L'amour seul rend son cœur moins fier,
Il faut qu'il brûle pour plier.

POUR MONSIEUR DE MAILLY.

Un jeune Laurier en terre, tourné vers le Soleil.

ASPICE, CRESCAM.

Pour me voir promptement dans un rang glorieux,
Et croiſtre autant que je m'en ſens capable,
Je ne veux ſeulement qu'un regard favorable
De l'Aſtre qui luit en ces lieux.

POUR MONSIEUR LE COMTE DE FIESQUE.

Un Soleil qui darde ſes rayons ſur des nuages, les Vents au deſſous qui ſoufflent des roſeaux par eux batus.

SPECTANTE RESURGUNT

Nous eſtions abattus ſous le funeſte orage
Qui contre nous avoit ſçeu s'élever;
Vn rayon lumineux a percé le nuage,
C'eſt aſſez pour nous relever.

POUR MONSIEUR LE MARQUIS DE CREQUY.
Un Aigle volant.

URGET JUVENTAS ET PATRIUS VIGOR.

Cet Aiglon prend un vol rapide,
Voyez de quelle ardeur il ſe montre animé.
Ne vous étonnez pas ſi rien ne l'intimide,
Son courage répond au ſang qui l'a formè.

POUR MONSIEUR DE LIVRY.

Dans la brûlante ardeur où son zele l'engage,
Si l'Astre qu'icy nous voyons
Iette sur luy quelqu'un de ses rayons,
Il poussera haut son feüillage.

POUR MONSIEUR D'ANSENIS CHAROST.

Une Montre de poche sur une table, en sorte
qu'on puisse voir par le Cadran que c'est une Montre, avec des rubans, ou chaînes, & la clef.

CALLO DE FUERA, Y PENO DENTRO.

Ie prens soin de cacher le secret de mon ame,
Et par de violens efforts
Renfermant les soûpirs qui trahiroient ma flâme,
Quand je souffre au dedans, je me tais au dehors.

POUR MONSIEUR LE COMTE D'HOSTEL.

Un jeune Taureau libre, & s'animant au combat.

AD PUGNAM PROLUDIT.

Cette course où l'espoir d'une illustre victoire
A pour luy de si doux appas,
N'est qu'un essay pour les combats,
Où le doit conduire la gloire.

POUR

POUR MONSIEUR LE COMTE DE NOGARET.

Un Gantelet en l'air.

NEC ERIT INGLORIVS.

A voir de quelle ardeur il s'appreste au combat,
Et son défi pour la victoire,
On connoist qu'il fera sa course avec éclat,
Et n'en sortira pas sans gloire.

POUR MONSIEUR DE COSSE'.
Une Scie & un Rocher.

VIRTVTE ET TEMPORE.
Son cœur est un cœur de rocher,
Soins, services, devoirs, rien ne la peut toucher,
Toûjours même rigueur, toûjours mêmes obstacles.
Aimez, perseverez, & laissez faire au temps,
Pour la rendre sensible il faut de grands miracles;
Mais ils sont dûs aux cœurs constans.

POUR MONSIEUR DE BOULIGNEUX.

Un Brûlot en feu.

VRAR, ET VRAM.

L'occasion s'offrant jamais je ne recule,
Mais lorsque contre moy l'amour est appellé,
On court risque d'estre brûlé,
Dans le mesme temps qu'on me brûle.

POUR MONSIEUR DE CONISMARK.

Un Laqs d'amour en maniere de chaînete.

DESDE ENTONCES.

Si-tost que je la vis mon ame en fut éprise,
J'adoray ses appas si-tost que je la vis,
Et dés lors ses beaux yeux, maistres de ma franchise,
Furent l'Astre que je suivis.

POUR MONSIEUR DE PLUMARTIN.

Un Pin fort élevé au milieu d'un Rocher.

ALTIS A RADICIBVS ALTVS.

Cet Arbre est ancien, chacun sçait ce qu'il vaut,
Et s'il s'agissoit d'origines,
On connoistroit sans peine, en le voyant si haut,
La profondeur de ses racines.

POUR MONSIEUR
LE CHEVALIER DE SULLY.

Un petit Aiglon au bord d'un nid sur la pointe
d'une Montagne, qui s'essaye à voler.

AVN MIDO MIS FVERCAS.

Pour luy la gloire a de douces amorces,
Et par elle deja se sentant appeller,
Comme aux combats il est prest à voler,
Avant que de le faire il mesure ses forces.

7

POUR MONSIEUR
LE COMTE DE VAUBECOUR.

Un Girasol avec un Soleil.

QVOCVMQVE VOCARIS.

Ce grand Astre me guide, & toûjours appliqué
A bien connoistre où sa clarté m'appelle,
On me verra prompt & fidelle,
Suivre en tous lieux ce qu'il m'aura marqué.

POUR MONSIEUR
LE MARQUIS DE SOYECOURT.

Une Epée la pointe en bas.

AD LUDUM ET PRÆLIA.

Si dans de simples jeux guerriers
Avec tant de chaleur il court à la victoire,
Que ne fera-t'il pas lors qu'au champ de la gloire,
Il faudra cueillir des Lauriers?

POUR MONSIEUR DE MEDAVID.

Un Coq ayant la teste levée, & en action de
courage.

ET VIGIL ET PUGNAX.

A l'exemple de mes Ayeux
Je suis vigilant en tous lieux,

Et s'il est des combats à faire,
Assez d'actions ont fait foy,
Qu'entre les plus hardis il ne s'en trouve guere,
Qni s'en acquitent mieux que moy.

POUR MONSIEUR
LE DUC DE ROQUELAURE.

Un feu dans un Arbre.

NEGLECTUS FURIT.

Le feu dans cet Arbre paroist,
Quoy que petit il est à craindre ;
Si l'on ne prend soin de l'éteindre,
Il ira plus loin qu'on ne croit.

POUR MONSIEUR DE TRENEL.

Une Meduse au milieu d'un Bouclier, au haut
duquel il y a un Soleil.

SVB SOLE LVDIMVS ILLA.

On n'a jamais parlé d'un desordre pareil
A celuy qu'a causé la teste de Meduse ;
Mais qui la croit icy redoutable, s'abuse,
Qu'a-t'on à craindre avecque le Soleil ?

POUR

POUR MONSIEUR DE BOUZOLE.

Une branche de Laurier, & une de Mirthe.

GLORIÆ ET AMORI.

Deux passions tour à tour
Gagnent sur luy la victoire,
Il sacrifie à l'amour
Ainsi qu'il fait à la gloire.

POUR MONSIEUR LE COMTE DE HANAV.

Une Hirondelle qui quitte son païs pour chercher le Soleil.

AL SOL M'INVIO.

Avec un zele sans pareil
Ie m'éloigne des lieux où la froidure habite;
Heureux éloignement s'il fait voir au Soleil,
Que c'est pour luy que je les quite.

POUR MONSIEUR DE LIANCOURT.

Un Essain d'Abeilles.

HOR ALL'ARMI, HOR ALI FIORI.

Si lorsqu'il faut prendre les armes,
Les Lauriers ont pour moy de si brillans appas,
Où de jeunes beautez font éclater leurs charmes,
Des Mirthes à cueillir ne me déplaisent pas.

C

POUR MONSIEUR
LE MARQUIS DE SURVILLE.
Une branche de Corail qui s'endurcit & devient vermeille dés qu'elle est exposée aux rayons du Soleil.

FORTIÒR ASPECTV.

Ie chancelle de toutes parts,
Toûjours preste à tomber où mes branches s'étendent,
Si d'un Astre benin les precieux regards,
Pour m'oster ma langueur, sur moy ne se répandent.

POUR MONSIEUR DE SAINTE FRIQUE.

Un Arbre fruitier tout en fleurs.
SPES MIXTA METV.

Si j'ose en croire l'apparence,
Le brillant de mes fleurs me permet l'esperance,
Sur un moindre presage on se flate souvent;
Mais malgré cet espoir j'ay toûjours de la crainte,
Il peut venir un mauvais vent :
Malheur s'il faut en essuyer l'atteinte.

POUR MONSIEUR
LE MARQUIS DE VILLARS.

Un Cadran qui ne soit point un Cadran au Soleil, mais un Cadran d'Horloge.
O LA DICHOSA, O LA POSTRERA.

Dans l'estat incertain où toûjours je demeure,
Sans que de mon destin l'amour veuille ordonner,

Vienne aujourd'huy ma derniere heure;
Si la bonne pour moy n'est pas preste à sonner.

POUR MONSIEUR DE CASTRES.

Un Soleil en haut, & un Arc-en-Ciel plus bas,
entre le Soleil & la Terre.

MUNERIS HOC TUI.

Mes diverses couleurs ont un éclat si rare,
Que l'on ne peut assez en admirer le choix,
L'assemblage en est beau, mais lors que je m'en pare,
C'est au Soleil que je les dois.

POUR MONSIEUR LE PRINCE DE TINGRY.

L'empreinte d'un Cachet où paroist la teste du
Roy fort marquée sur du papier, & au dessous le
Cachet de profil.

SEMEL ACCEPTAM SERVAT.

Cette Image a de nobles traits,
La grandeur n'en sçauroit estre assez bien conceuë :
Il suffit que je l'ay receuë,
Rien ne l'effacera jamais.

POUR MONSIEUR DE VALENTINOIS.

Un Champ plein de fleurs avec une Abeille qui
s'arreste dans le milieu.

DE TODAS UN POQUITO.

Comme c'est à mon goust le plus grand des malheurs,
Que de brûler long-temps d'une flâme importune,

Ie m'arreste à toutes les Fleurs,
Et prens quelque peu de chacune.

POUR MONSIEUR LE DUC D'USEZ.

Un Miroir sur une Table couverte d'un tapis.

SIN MANCHA, Y SIN LISONIA.

Pour peu qu'à le voir on s'attache,
On reconnoist qu'il est sans tache,
Mais de luy la laideur a tout à redouter,
Il est franc, & ne peut flater.

POUR MONSIEUR
LE PRINCE D'HARCOURT.

Un gros Chesne fort vieux dans une Campagne. Les branches en sont rompuës, le tronc en est separé, & il paroist quelque petit rejetton dont les feüilles sont fort vertes. Le Soleil qu'on voit dans un coin semble dissiper une partie des nuages, en dardant ses rayons sur ce petit rejetton.

CRESCET.

Ce gros Chesne où le temps a fait tant de ravages
A perdu de grands avantages,
De tous costez le tronc en est ouvert :
Heureux le rejetton qui commence à paroistre ;
Que de brillant sur son feüillage verd ?

On

On voit par là ce.qu'il doit eſtre,
Quand le Soleil l'aura fait croiſtre.

POUR MONSIEUR
LE COMTE DE LA FAYETTE.

Un Eclair.

PERESCA COMO LVSCA.

Je cherche à m'aſſeurer une illuſtre Memoire,
Et dans l'ardeur de l'acquerir,
Il m'importe peu de perir,
Pourveu qu'en periſſant je me couvre de Gloire.

POUR MONSIEUR
LE MARQUIS DE NOVION.

Un jeune Figuier ſous un Soleil.

FORS FRVCTVS SINE FLORE DABO.

Si j'obtiens du Soleil un regard favorable,
Mes deſſeins doivent eſtre heureuſement conduits,
Et ſans avoir de fleurs je puis eſtre capable.
De porter d'aſſez nobles fruits.

d.

POUR MONSIEUR
LE DUC DE BOURNONVILLE.

Une Lance, les Dards, & l'Epée joints ensemble.

LVDO BELLOQVE.

Prest d'entrer dans la carriere,
Voyez dans sa mine fiere
L'heroïque & noble éclat
Que ce Jeu guerrier luy cause.
Si c'estoit un vray combat,
Ce seroit toute autre chose.

POUR MONSIEUR
LE MARQUIS DE ROCHEFORT.

Un Eclair sortant d'une Nuë.

NASCENDO RISPLENDE.

Que son destin sera puissant,
Et que ne doit-on pas attendre
De tout ce que l'honneur luy doit faire entreprendre,
Puisqu'il brille mesme en naissant!

POUR MONSIEUR
LE MARQUIS DE LA CHASTRE.
Une Pyramide renversée.

PVR CHE SIA RILEVATA.

Malgré le Destin qui m'abat,
De la hauteur où j'estois arrivée

Ie sçauray soûtenir l'éclat
Pourvû que je sois relevée.

POUR MONSIEUR DE CHAMARANTE.

Un Aigle volant vers le Soleil.

DOVE L'OPRA NON PVO', GIVNGE IL DESIO.

Plein d'un feu que jamais rien ne sçauroit éteindre,
Pour l'Astre dont l'aspect cause tous mes plaisirs,
Ie fais arriver mes desirs
Où mon vol ne sçauroit atteindre.

POUR MONSIEUR DE MURCE'.

Un Guidon debout.
QVOVIS FERAR VLTRO.

En quelque lieu qu'il faille me porter,
J'y veux bien aller affronter
La plus redoutable tempeste.
Plus le peril est grand, plus la gloire me plaist.
S'il faut partir, rien ne m'arreste,
Qu'on donne l'ordre, je suis prest.

POUR MONSIEUR
LE COMTE DE CARPEIGNE.

Un Eliotrope naissant, & sortant de la terre sans
Soleil.

ESCO DAL SVOLO PER IL SOLE.

Le Soleil reglera mon estre ,
C'est à luy seul que je me doy.
Comme pour luy j'ay voulu naistre ,
Il voudra bien luire pour moy.

POUR MONSIEUR DE MOUY.

Un cercle du Zodiaque , où paroist de face un
Belier d'argent, & des Étoiles d'or.

POR ESTA LVZ HE' DEVADO EL TVSON.

Que pour conquerir la Toison
Plus d'un Argonaute s'appreste ,
J'ay quité l'entreprise , & c'est avec raison
Que d'un autre Belier je poursuis la conqueste.

POUR MONSIEUR DE LA TRIMOUILLE.

Un Feu elementaire.

SEMPRE ARDENTE , SEMPRE ASCOSTO.

Dans la brillante sphere où je suis attaché,
Ie brûle du feu le plus stable,
Et quoy qu'il soit toûjours caché,
Le plus ardent n'a rien qui luy soit comparable.

POUR

POUR MONSIEUR LE DUC DE GRAMMONT.

Une Montagne fort élevée.

LAS MAS ALTAS NO ME HAZEN SOMBRA.

Quand il seroit des Monts sans nombre
D'une hauteur à faire effroy,
Ceux qui produisent le plus d'ombre
Ne pourroient en jetter sur moy.

POUR MONSIEUR DE VILLACERF.

Un Cadran au Soleil en forme d'une Coupe, posé
sur une Pierre quarrée.

SEMPRE FEDELE.

Avec exactitude, avec soin, avec zéle,
Je m'acquite de mon employ.
Eclairé du Soleil qui refléchit sur moy,
Puis-je manquer d'estre fidelle?

POUR MONSIEUR LE MARQUIS DE NESLE.

Une Fusée volante.

ACCESA ALTO VOLA.

Quand l'ardeur de la Gloire échaufe mon courage,
Plein d'un feu dont l'excès est l'unique defaut,
Je disputerois l'avantage
A qui croiroit voler plus haut.

POUR MONSIEUR DE FROULE'.

Une Pierre d'Aiman armée, qui tient en l'air à une
Chaine une Clef de fer audeſſous, qui touche à l'Aiman
par l'Anneau.

SON A SEGUIR TI.

Sans cet Aiman je ne puis vivre,
Il fait tous mes plaiſirs, laiſſez-le-moy chercher,
C'eſt à luy ſeul que je veux m'attacher,
Heureux d'eſtre fait pour le ſuivre.

POUR MONSIEUR DE POLIGNAC.

Un Feu Grégeois qui brule dans l'eau.

MAGIS EX OBSTANTIBUS ARDET.

Comme de plus en plus j'ay lieu de m'applaudir
Sur la gloire qui ſuit le feu qui me conſume,
Ce qu'on fait pour le refroidir,
Eſt ce qui dans mon cœur plus fortement l'allume.

POUR MONSIEUR DANTIN.

Une belle Campagne, d'où une Fléche s'éleve fort
haut.

O SUBIR, O BAXAR.

Pour la Gloire il n'eſt rien que mon cœur n'exécute,
Et ſi trop haut je tâche d'arriver,
Il vaut mieux s'expoſer au peril de la cheute,
Que de craindre de s'élever.

POUR MONSIEUR LE PRINCE D'ELBEUF.
Un Vaisseau prest à partir.
QVO FERET AVRA.

Je cede à la Fortune obstinée à me nuire,
A moins qu'un Dieu puissant ne daigne s'en mêler;
Sous son Auspice heureux me voila prest d'aller
Où le vent pourra me conduire.

POUR MONSIEUR LE MARQUIS DE THIANGE.
Un Aigle qui vole au Soleil à travers les Foudres.
NIL OBSTAT EVNTI.

Par un rapide vol il marque son amour
Pour l'Astre qui donne le jour;
Le voir de prés est le seul avantage
Dont le charme sensible ait dequoy le flater,
Et s'agissant vers luy de s'ouvrir un passage,
L'obstacle le plus fort ne le peut arrester.

POUR MONSIEUR DE MIREPOIX.
Un Lion d'une attitude fiere & hardie, au milieu d'un Cirque, où l'on voit à l'entour d'autres Animaux prests à entrer en Lice.
ROBORE VINCET ET AVSV.

Ses Rivaux ont beau se flater
De l'orgueilleux espoir d'une aimable conqueste,
Il n'est rien qu'il n'ose tenter,
Et dans la vive ardeur que contr'eux il appreste,
Il est seur de les surmonter.

POUR MONSIEUR LE DUC D'ATRIS.

Un Heliotrope, & un Soleil qui l'éclaire.

NIL ATRI SOLE MICANTE.

Si de cét Astre puissant,
Un Rayon sur moy descend
Pour soûtenir ma foiblesse,
Je crains peu l'obscurité;
Il n'en est point qui ne cesse
Où se répand sa clarté.

POUR MONSIEUR LE COMTE DE BRIONNE.

Un Aigle portant les Foudres de Jupiter.

GERO ARMA TONANTIS.

Tenir un Foudre dans ma serre,
C'est faire assez bien éclater
La gloire que j'ay de porter
Les armes dont se sert le Maistre du Tonnerre.

POUR MONSIEUR DE LA ROCHEGUION.

La peau du Lion de Nemée.

A ME TOCCA D'ORNAR IL VINCITORE.

L'ardeur de m'acquerir doit enflamer le cœur
De tous ceux qui cherchent la gloire;
Quand on a gagné la victoire,
C'est à moy d'orner le Vainqueur.

POUR

POUR MONSIEUR
LE COMTE DE HAUTEFORT.

Une Tour au haut de laquelle eſt un Feu allumé,
& un Vaiſſeau ſur mer, qui paroiſt s'en éloigner.

HVC CVRSVS FVIT.

Vers cette Tour une aimable lumiere
M'attire, & de mon ſort doit ſeule decider;
Mais un Vent ennemy qui me pouſſe en arriere,
M'empeſche toûjours d'aborder.

POUR MONSIEUR LE DUC DE LA FERTE'.

Un Chien blanc qui ronge un Os.

FALTA DE MEIOR.

Cet Os pourra bleſſer les yeux,
Il ne vaut pas la peine qu'il me cauſe;
Mais comme le temps fait le prix de chaque choſe,
Je le ronge faute de mieux.

De tous ces Madrigaux, il n'y a que celuy qui eſt
fait ſur la Deviſe de Monſieur le Duc de Saint Aignan,
qui ſoit de Monſieur Vertron. On les a fait imprimer
ſans ordre, & à meſure que l'on a pû avoir lés Deviſes.
Celles qui ſuivent ne m'ont eſté apportées que dans
temps qu'on a eſté obligé de finir ce Livre. Ainſi il a
fallu les envoyer auſſi-toſt à l'Imprimeur, & cela eſt

cauſe qu'on ne les explique que par un un ſeul Vers faute de temps. Quelques Chevaliers en ont chan-gé, comme Monſieur le Prince d'Harcourt, Mon-ſieur de Mailly, & Monſieur de Bouzole, pour qui vous en trouverez parmy les premieres qui ſont ex-pliquées par des Madrigaux. Ces dernieres que vous trouverez encore pour eux, ſont celles qu'ils ont choiſies.

MONSIEUR LE PRINCE D'HARCOURT.

Un gros Diamant brut au milieu de l'Ecuſſon.

Je brilleray ſi l'on m'employe.

MONSIEUR DE ROHAN.

Une Flâme qui s'éleve en haut.

Quo me vocat inſita virtus.

Je marche ſur les pas de mes nobles Ayeux.

MONSIEUR DE LISTENAY.

Un Vaiſſeau & des Argonautes en Mer, le Mats chargé d'une Toiſon d'or.

Mas honrado que rico.

Plus de gloire que de fortune.

MONSIEUR LE MARQUIS D'ALINCOURT.

Un paquet de Méche dont le fond paroiſt allumé par la fumée qui en ſort.

Ardente, e coſtante.

Je n'ay pas moins d'ardeur que de conſtance.

MONSIEUR D'ARTAGNAN.

Un Aiglon regardant fixement le Soleil,& tenant d'une de ses Serres un Foudre prest à lancer.

Sic docuit pater.

Je cherche à pratiquer les leçons de mon Pere.

MONSIEUR DE QUEROUEL.

Un Porc-Epic au milieu de deux Chiens qui n'osent le mordre le voyant armé de tous costez.

Ni atregados, ni atrevidos temo.

Les plus fougueux me donnent peu de crainte.

MONSIEUR DE VERVINS.

Un Tronc de Laurier mort qui pousse un Rejetton verd.

Per te revivifcet.

C'est par toy seul qu'il revivra.

MONSIEUR DE ROUSSY.

Un Tournesol panché vers la terre du costé du Soleil couchant.

Hasta su buelta.

Je languiray jusques à son retour.

MONSIEUR DE PALAVICIN.

Un Aigle exposé à la plus grande clarté du Soleil.

Gia di mirarlo è degno.

Il est digne sur luy d'attacher ses regards.

MONSIEUR DE BRASSAC.

Un Oyseau de Proye attaché sur une Perche.

Quo non si mihi fas.

Ah ! s'il m'estoit permis jusqu'où n'irois-je pas?

MONSIEUR COEDELETE.

Un Aiglon preſt à voler, & commençant à déployer ſes Aîles ſur la pointe d'un Rocher, la teſte un peu panchée en regardant le Soleil·

Probor, extollar.

Je m'éprouve pour m'élever.

MONSIEUR DE MAILLY.

Un Thermometre.

A mas ardor mas me levanto.

Plus il fait chaud, plus je m'éleve.

MONSIEUR DE MOLAC.

Un Fuſil bandé.

Si tangar.

Je prens feu ſi-toſt qu'on me touche.

MONSIEUR DE VILLEQUIER.

Des Bâtons de Maréchal de France paſſez en Sautoir, avec la Maſſe de Chancelier.

Nec ſic inermes.

C'eſt le moyen de ſe défendre.

MONSIEUR DE BLANSAC.

Un gros Ruiſſeau qui deſcend d'une Montagne eſcarpée, & qui fait aller une grande Fontaine au bas de cette Montagne.

Mon panchant m'élevera.

MONSIEUR DE MONCHEVREÜIL.

Du Bois qui commence à s'allumer.

Splendeſcam, da materiam.

Je luiray, donnez la matiere.

POUR

MONSIEUR LE CHEVALIER DE SOYECOURT.

Un Lion, & un Soleil au deſſus.

Et micat & ferit.

Il eſt vif à briller, dangereux quand il frappe.

MONSIEUR DE BOUZOLE.

Une Barque qui met à la Voile, & de grands Vaiſſeaux dans l'éloignement.

Majores dabit aura ſequi.

J'atteindray les plus grands ſi le Vent me ſeconde.

MONSIEUR DE VIEUX-BOURG.

Un bouton de Roſe fermé.

J'attens tout du Soleil.

MONSIEUR DE VIBRAYE.

Un Cadran ſans Soleil.

Sine Sole nihil.

Je ne ſuis rien ſans le Soleil.

MONSIEUR LE BAILLY COLBERT.

Une Galere à la Voile.

Brevi levis aura feret.

Un heureux Vent dans peu m'éloignera du Port.

MONSIEUR DE BELLEFONDS.

Un Aiglon qui regarde le Soleil.

Non degener.

De ſes Ayeux il ſuit les traces.

g

MONSIEUR DE QUELUS.

Un Arbre enté qui commence à jetter des feüilles.

Si jubeat reflorefcet.

S'il le veut , il reverdira.

MONSIEUR DE TILLADET.

Un Aigle qui fe foûtient en l'air.

Aut Solem, aut prælia.

Ou le Soleil , ou les Combats.

MONSIEUR DE GONDRIN.

Une Fufée volante.

De mi fuego mi fubida.

C'eft par mon feu que je m'éleve.

MONSIEUR LE COMTE D'HAUTEFORT.

Un Vaiffeau batu des Vents.

Fruftra obftant.

En vain les Vents fe liguent contre moy.

Il manque encore deux ou trois Devifes, qu'il m'a efté impoffible d'avoir. Celle de Monfeigneur le Dauphin eft de Monfieur le Duc de S. Aignan. On l'a choifie parmy plus de vingt autres. On s'eft trompé à la Devife de Monfieur le Comte de Fiefque ; il y a des Bleds, au lieu de Rofeaux. Toutes les Devifes font peintes fur des Boucliers qui font d'autant de Figures diférentes; qu'il y a de Couleurs, c'eſt à dire de celles des deux Chefs & des huit Brigades. Ces Boucliers ſont tous entourez de Pierreries.

J'ay oublié de marquer, que quatre Maré-chaux de France qui ſeront ſur l'Echafaut de Sa Majeſté, doivent adjuger le Prix, ſuivant les conditions preſcrites par le Reglement de Monſieur le Duc de S. Aignan, Maréchal de Camp Général; ce qu'ils feront ſur le rapport que leur viendront faire quatre Pages du Roy de la Quadrille de Monſeigneur le Dauphin, qui feront poſtez dans la Lice autour de ce Duc.

On a imprimé ce Livre avec une telle préci-pitation, qu'il a eſté impoſſible d'empeſcher qu'il ne s'y ſoit gliſſé pluſieurs fautes qui rompent le ſens en beaucoup d'endroits. La 10. ligne de la page 27. doit finir par ces mots, *qui eſt à terre*; ſans cela ce qu'on veut dire ne ſçauroit eſtre entendu. On a mis *Tours d'ermeilles* pour *Tours Verneilles*, & fort ſouvent *Abenſerrages* pour *Abencerrages*. Si on a mis *Gazules* & *Gomeles* au lieu de *Gazuls* & de *Gomels*, on l'a fait à l'imitation des Eſpagnols, qui diſent *los Gazules*, & *los Gomeles*. Je ne parle point de quelques noms Maures mal imprimez, comme *Amilda* pour *Amida*. Ce ne font des fautes que pour ceux qui ont leu avec un attachement particulier les Guerres Civiles de Grenade, & ils n'auront pas de peine à y fuppleer.

FIN.

AVEC PRIVILEGE DU ROY.

9 782329 696096